El Gran Proposito de la VIDA

J. Ben. Avil.

BENAVIL
ESTUDIO

Una Edición de:

www.jbenavil.com

El Gran Propósito de la Vida

Copyright 2024, by J. Ben. Avil.

Índice

¿Qué es la vida? ¿Para qué existimos? ¿Cuál es su propósito?

Las respuestas a estas preguntas están contenidas en las mismas, el propósito de la vida es existir; y a su vez, el significado y compresión de esta frase, contempla la felicidad del Ser como individuo.

Si el propósito de la vida es existir a través de nosotros, para alcanzar el máximo desarrollo del Ser, la tan anhelada felicidad, debemos existir para llevar una vida con propósito.

La respuesta que buscaste toda tu vida, está sujeta a la comprensión de estas pocas líneas, no hay más.

Debes existir bajo un propósito para ser feliz y alcanzar tu máximo desarrollo como individuo, solo así, podrás Ser. Y al Ser, alcanzarás eventualmente el éxito a través de la excelencia en el propósito que adquiriste para Ser.

Si consideras que tienes un propósito definido en la vida y las herramientas necesarias para alcanzar la excelencia en el cumplimiento de este, no debes seguir leyendo este libro... el tiempo para Ser, en el período de existencia que llamamos vida, es muy corto, no lo desperdicies leyendo algo que ya sabes ni haciendo algo que no aportara al cumplimiento de tu propósito; recuerda que solo serás feliz si logras tu propósito.

Muchas personas tienen éxito, fama y riqueza... pero esto no puede ser un propósito real, sino, la consecuencia del desarrollo del mismo, es por esta razón, supuestamente incomprendida, que muchas personas con éxito, fama y riqueza no son felices.

En los últimos tiempos muchas personas con éxito, fama y riqueza han estado practicando la filantropía o simplemente han dejado su riqueza y su fama para encontrar la felicidad, ese gran propósito o sentido en la vida que los complemente. Y la razón es simple, su éxito no estaba sujeto a un propósito.

Si quieres encontrar el verdadero propósito de tu vida, sigue leyendo, ya que este libro está diseñado para ser una guía hacia la realización y definición de tu propósito.

"Encuentra en tú interior aquellos que amas, y hazlo el gran propósito de tu vida. La felicidad vendrá de la realización de este y el éxito llegará como consecuencia de su desarrollo".

J. Ben. Avil.

Capítulo 1

Ser.

"El Espíritu Divino que habita en cada Ser, es la guía fundamental hacia el éxito y la felicidad".

J. Ben. Avil.

¿Qué entendemos del Ser?

En grandes rasgos, El Ser. Es todo aquel que posee un espíritu que lo

impulse a la movilidad en la existencia a través de un cuerpo material conectado entre sí, por un alma, que le permite interpretar, sentir y razonar las distintas acciones y estímulos de su ambiente que lo rodea.

Permitiéndose evolucionar, con cada acción y estimulo que recibe a lo largo de su existencia dentro de su ambiente.

¿Qué nos dice esta definición del Ser?

Nos dice de ante mano, que somos seres divinos, capaces de cambiar hacia ese propósito que nos predeterminamos a través de la propia sugestión o dejarnos influenciar por el ambiente que nos rodea; que esa fuerza que mueve al Ser, es Él Gran Espíritu Divino que habita dentro de

nosotros viviendo la experiencia de la existencia.

No podemos tener motivación si no tenemos espíritu, si lo que hacemos no es parte de nuestro propósito, no te motivarás, jamás alcanzarás la disciplina para lograr el éxito y sin la realización de nuestro éxito anclado a nuestro propósito, jamás serás feliz.

Puedes tener éxito en muchas cosas materiales, pero mientras no sean parte de tu propósito, de eso que realmente amas, no serás feliz.

Esto se debe a la conectividad divina de nuestro Ser, el éxito material es parte del ambiente, del mundo externo, el éxito real es la realización del Ser, del espíritu divino, quien, al avanzar en su propósito te comunica sentido de felicidad y realización a través de tú alma y así, al contemplar he interpretar, que lo que

estás haciendo es lo correcto, es parte de tu propósito. Entonces solo así, eres feliz.

Viene de adentro, no del ambiente, sino del mundo interior y solo puedes controlar ese sentido de felicidad y permanencia, si realizas las acciones correctas en el ambiente que te rodea o el mundo exterior según sea tu propósito definido en el mundo interior.

Es por esta razón, la importancia de tener un propósito.

Estarás perdido toda tú vida sino defines un propósito, porque solo este, te puede dar sentido de pertenencias, te dice lo que eres y lo que quieres llegar a hacer para Ser.

Es esta definición de propósito, la que predetermina tu preexistencia y vida eterna en el eterno retorno del espíritu con propósito. Conocerás más de este eterno retorno en el capítulo final de este

libro, por favor no te adelantes, necesitas comprender lo que está ante para entenderlo de mejor manera.

Conozco muchos millonarios tristes y seguramente tú también, aquí tienes la respuesta. Obtuvieron el éxito exterior y no el interior que es lo que finalmente importa.

Con esto no quiero decir que tu no puedas ser millonario y que no puedas tener cosas materiales; puedes tener todo lo quieras, pero para ser feliz con eso, con todo lo quieras, estos deben llegar como consecuencia de la realización de tu propósito y no por mera codicia del ego.

¿Qué es el ego?

El ego es el falso espíritu, el que te mantiene infeliz haciéndote creer, a través

del alma, que para Ser debes tener. Es el que crea la imagen de aparentar para sentirse parte del mundo exterior excluyendo al Ser de la realidad misma.

Pero de donde nace este falso espíritu no divino, nace de la sugestión del mundo exterior, de las influencias de tu ambiente exterior, si no sabes quién eres cualquiera podrá convencerte de lo que sea que quiera que seas. Todos esos modelos a seguir, estándares sociales, percepción de la belleza y hasta de las palabras de tus más cercanos son las que crean ese ego, ese falso espíritu, esa falsa idea de realización que lleva a muchos a la infelicidad; porque el único propósito del ego es matar y reemplazar el espíritu divino.

Muchos profesionales obtuvieron sus carreras por recomendación de sus padres, es común, que estos, influyan a sus hijos a adquirir carreras que ellos

mismos quisieran haber podido tener en algún momento de su pasado, hacen sus vidas y sueños a través de sus hijos, sin darse cuenta, que la vida de otra persona, ya sea hijo, hija, primo, hermana, etc. Es un Ser individual con un propósito diferente.

La obediencia de esta influencia, trae consigo la infelicidad de los hijos o de quien se ve obligado a llevar una vida que no quiere bajo el pretexto de la no desilusión hacia quien lo influye.

Olvídalo por completo sin sentir culpa alguna, tus padres y quien quiera que sea allá afuera, que quiera influirte, tienen sus propias vidas para hacer con ellas lo que les parezca, no permitas que su irresponsabilidad sea traspasada a ti, debes proteger a toda costa ese Gran Espíritu Divino que busca la realización desde tu Ser.

Muchos de esos millonarios tristes que conozco han venido a mi para pedirme consejos personales, y lo que más me impresiona es la recurrencia de esta frase:

"Tengo de todo, pero me siento vacío y muerto por dentro".

Acaso no es contradictorio, ¿Qué hace a un Ser que posee de todo, en términos materiales, sentirse vacío? Nada más ni nada menos, que su falta de pertenencia, no pertenecemos al mundo exterior, este solo es una experiencia, pertenecemos a algo más grande, al mundo superior, al Gran Espíritu Divino que llega a este mundo en forma de espíritu, en pequeñas partes divididas de él mismo y que a través de nosotros, tiene

el objetivo de definir un propósito para a través de este, Ser y Existir.

Lee con cuidado, dice "definir un propósito" no dice buscar o encontrar un propósito, ¿Por qué? Porque este no existe en el mundo externo, el propósito está en el mundo interior, en lo divino.

Esas influencias vienen del mundo externo, lo que hace feliz a otro, no necesariamente debe hacerte feliz a ti, cada Ser es individual a la existencia de otro. Esta es la razón por la que existe tantos gustos diferentes.

El Ser responde a la variabilidad de la percepción humana.

No vas a encontrar tu propósito mirando a los demás, perderás tu tiempo de existencia preocupado por los otros como muchos lo haces, naciste para algo mejor. Tu propósito no está afuera de ti,

pero si, desde tu interior lo podrás realizar en el exterior.

Todos nacemos con habilidades potenciales dadas por este Gran Espíritu Divino, son todas aquellas habilidades por las que tenemos un talento innato, que se nos da fácil ejecutar y que, si la trabajamos más y más, podremos llegar a la excelencia en la ejecución de estas habilidades, donde cada una de ellas, es de gran valor en el mundo exterior.

Nadie se vuelve experto en algo sin antes trabajar duro para ello, como un Dibujante, Escritor, Bailarina, etc. No alcanzará la excelencia sino practica sus habilidades, solo cuando estos se vuelvan excelente en lo que hacen, podrán ser millonarios con la realización de su propósito, ya sea que el Dibujante sea reconocido por una gran compañía de animación, que el Escritor se vuelva un Autor reconocido de Betseller's y que la

Bailarina se vuelva una reconocida interprete de Danza, todo y cada uno de estos propósitos reales, tienen que trabajar hacia la excelencia para conseguir la realización.

La vida, en el mundo externo, no es más que una plantilla abierta para la realización del Ser, que a través de esta ejecuta la existencia, la experiencia, el propósito. Y debes comprender también, que el tiempo de existencia es limitado.

Si puedes demostrar que vale la pena volver, entonces volverás a experimentar una nueva experiencia a otro nivel de conciencia, todo lo que creas aquí, aquí se queda para los otros que existen y existirán en el eterno retorno del universo divino, de otro modo, si no haces nada y ni el más mínimo esfuerzo por definir tu propósito, serás desechado como Ser por ese Gran Espíritu Divino.

Y bajo este último párrafo, se definen todas las religiones de las distintas generaciones de retornados a esta existencia llamada vida.

¿Quién es el Gran Espíritu Divino?

Como ya lo pudiste intuir, y de eso estoy seguro, ya que Él Gran Espíritu Divino tiene la tendencia de decirte constantemente, aquí estoy yo, ¡Hey! están hablando de mí, o mejor aún, demostrarte constantemente que Él está ahí para ti.

Ese Gran Espíritu Divino es aquel que llaman Dios, pero aquí quiero hacer, un comentario. No me refiero al Dios de las religiones, ni de alguna creencia en particular, me refiero al Gran Espíritu Divino, de aquel que nacen todas las

religiones y creencia espirituales que hay en el mundo exterior del Ser.

Muchas de estas, de hecho, solo son organizaciones que buscan, a través de la creencia inducida, controlar un grupo de Seres para aprovecharse de ellos, es por esta razón, que muchas de estas organizaciones, poseen reglas de secretismo y sesión de bienes, que el mismo Dios a quien alaban desaprueba en la Santa Escritura, muchos no lo sabes, ya que la mayoría solo va a escuchar la palabra, o más bien dicho, la interpretación de la palabra de un Ser respecto a su propia realidad, por lo que, este puede percibir aquello que no es del todo correcto.

En consecuencia, la religión inducida termina siendo uno de los factores del fracaso de un Ser, con esto no quiero decir que no creas en Dios, pero si, que tengas cuidado donde te metes. Dios

es más grande que cual religión en este mundo externo, ya que sus dominios perteneces al mundo interior y desde allí gobierno toda materia en este mundo exterior a través de las reglas universales.

En otras palabras, no digo que creer en Dios es malo, de hecho, es vital para tu éxito, lo malo es volverte fanático de un Ser Divino que castiga la idolatría. Porque Él vive a través de ti y no de un templo del mundo exterior, tú eres el templo, debes cuidarte, amarte, realizarte y solo lo harás viviendo la experiencia de la misma manera que el Gran Espíritu Divino crea la arquitectura de la existencia para él Ser.

Si quieres saber cómo funciona la vida del Gran Espíritu Divino, podrás encontrar más información en mi libro **"ÉL Gran Espíritu Divino"**.

Pero a grandes rasgos, este libro explica como Él Gran Espíritu Divino vive a través de nosotros, aquel que llaman Dios, es una fuente inagotable de energía retroalimentativa, que necesita de un medio, ósea nosotros, para aprender los distintos requerimientos de la existencia, de los cuales una vez obtenidos, se predetermina a la evolución de todo el universo.

Es decir, necesitas que vivas y Él lo hace a través de ti, este Gran Espíritu Divino, divide constantemente su energía en pequeñas partes de sí mismo, y es enviada a habitar dentro de nosotros como espíritu, esa fuerza que te empuja a la vida, a la movilidad y la realización.

La Biblia dice:

Que, al principio de los tiempos, no había nada...

Esto es una mentira del ego, al principio de los tiempos estaba todo, aunque todo no tenía forma ni nombre especifico aún, ese todo, era Él Dios mismo que aún no se volvía ÉL.

Dios fue conciencia antes de su existencia.

Fue ese Gran Espíritu Divino que llaman Dios, que, al percibir la inmensidad de su ambiente, el universo, que decidió Ser, Él Gran Arquitecto del Universo, creando la realidad misma; con la acción de hacer, se convirtió en lo que es, Él Gran Espíritu Divino, es decir, Ser Dios.

Y así, tomo todo lo que existe en el universo, y comenzó a darle forma a la realidad.

Pero si este Ser jamás hubiese tenido la conciencia de hacer, jamás hubiese sido un Dios, ya que la falta de acción, no justificaría su realización como tal Ser.

Por lo que el propósito de creación, y la ejecución de la acción hacia ese propósito, los constituyó como Dios creador de todo.

De la misma manera, en que un experto en electrónica o en cualquier otra profesión, se vuelve experto al hacer, y predestinar su futuro a la realización de ese propósito. Solo si logra llegar al final de sus experticias, podemos decir que es; que es experto en electrónica, que es experto en esto y aquello y todo lo que el Ser se proponga.

Al igual que, aunque hubiese definido su propósito, de ser experto en electrónica, pero, sin embargo, no realiza ninguna acción hacia su propósito, nunca será.

Por lo tanto, El mero hecho de querer algo, de desear algo, no constituye una realización absoluta del Ser, nada ocurre en el mundo exterior sin realizar las acciones correspondientes que te impulsan al resultado deseado.

Es por esta razón, que debes tener un propósito, será tu guía para la vida, y marca la pauta de realización que te indicará tu nivel de felicidad a medida que vayas trabajando en tu destino.

Mucha gente, de gran riqueza es feliz, y disfruta realizando aquella actividad que le genera más liquidez y los vuelven millonarios. Esto pasa, porque su propósito no es hacerse millonario, sino

realizarse en la ejecución de esa actividad que les deja como resultado una alta liquidez. Porque su propósito es la actividad, cuando el Ser sabe que se está autorrealizando, desde Él Gran Espíritu Divino se te dará esa fuerza de voluntad que genera constante motivación y te autosugestiona a la disciplina y esta disciplina es la que te vuelve excelente en algo, y en el mundo exterior la excelencia en cualquier aspecto de la vida, tiene un gran valor, tanto tangible o intangible.

De esta manera, al mantenerte bajo la línea de la realización, tu espíritu le dice a tu alma que te haga sentir feliz, y esta a su vez, envía las señales a tu cuerpo físico para sentirte feliz y entonces sabes, que estás haciendo lo correcto y en consecuencia te motivas a seguir esa línea. Por otra parte, este mismo pedazo de espíritu, sacado del mismo Gran Espíritu Divino y entregado a ti, por Él mismo,

nunca pierde su conexión original hacia su fuente, sino que, se mantiene en constante comunicación. Y tú mismo puedes hablarle desde tu interior de forma consciente, que es lo que las religiones llaman orar, yo simplemente le digo, mi contacto con la fuente Divina, es un contacto personal y este mismo, Él Gran Espíritu Divino, quien, a través de mis requerimientos, me envía lo que necesito para realizarme en lo que me hace feliz, como las palabras de este libro que fueron puestas por Él en mí y para ti. Sin embargo, esa comunicación del espíritu de nuestro interior en constante comunicación con su fuente original, no la percibimos como Ser, pues esa comunicación se hace de forma inconsciente a nuestro Ser o más bien, supraconciente, pero se hace. Y cómo lo sabes, pues el universo, siempre te pondrá cerca o a tu alcance aquellos que deseas para que vayas y lo tomes.

Si un día quieres ir de viaje, y nació en ti un deseo, seguramente en la próxima vez que sepas de viajes, lo sabrás por una oferta especial que puedes tomar, o si necesitas un experto en algo y no conoces a nadie, seguramente te toparás con alguien que si lo conoce y te dará el dato.

De la misma manera que si quieres ser algo, comenzarás a recibir ofertas u oportunidades a tu alcance, para tomar un curso o leer algo al respecto de aquello que deseas.

Es esta la forma en que funciona esa comunicación supraconciente y como se te entrega en mundo externo. ¿Por qué así dirás tú? Porque no simplemente me entrega lo que pido y ya, bueno...Es necesario decir también, que el Gran Espíritu Divino, en su esencia de Gran Arquitecto, nunca te entrega nada hecho, ya que como venimos de Él, Él quiere que nosotros lo construyamos por nosotros

mismos, y pondrá todo a disposición si nos damos el propósito de la realización.

Imagínate lo que te estoy diciendo, que el Gran espíritu Divino, o sea Dios, confía tanto en ti, que pone todo lo que pidas para que tú lo hagas, y tu ahí, dudando de ti mismo. Vamos, entiende, si Dios confía en ti para hacer cosas grandes, no permitas que nada en este mundo externo te doblegué.

Así de grande eres, lo suficiente como para que el mismo Dios confíe en ti, pero si lo haces mal, y por mal quiero decir a que no hagas nada por ser feliz, te desechará de la existencia, y esto es lo que las religiones llaman infierno.

Es la misma relación de jefe y un empleado, si el jefe contrata a alguien para realizar una actividad y este no la hace, lo echa y busca a otro. Si tu no

realizas la razón por la que Dios te ha creado, te echará y pondrá a otro a vivir.

Y cuál es esa actividad, la realización del Ser, y para hacerlo debes definir tu propósito y trabajar para conseguir la excelencia en ello. Que tan feliz te sientes en lo que haces será tu regla fundamental para medir y establecer el camino correcto y si te vuelves excelente en algo, el dinero vendrá como consecuencia de la realización, entonces solo así, serás feliz y millonario/a al mismo tiempo, no hay otro camino.

Contrario a los millonarios tristes, que su propósito es generar más riqueza cada vez, y se obligan a hacer cosas que no les gusta para cumplir un falso propósito. Como resultado, tienen de todo, pero son infelices. No por el dinero que han generado, sino, por lo que tienen que hacer para generarlo, por falta de realización de su interior.

La razón por la que no hay otro camino, es porque el Universo se rige por leyes creadas por Gran Espíritu Divino, no importa si crea en ellas o no, obligatoriamente serás constantemente sometido a estas.

Él Gran Espíritu Divino se mueve, en el mundo exterior a través de energía, y te retornará incondicionalmente, la misma que produzcas con tus acciones.

Estas leyes se tramites a través de energía, la misma que nosotros mismos producimos en la ejecución de acción de existir. Es decir, todo lo que hagas o no hagas te perjudicará o te ayudará a tu propósito.

Esta solo es una de tantas leyes, nada es neutral en el universo y todo desencadena una reacción según lo que nosotros realicemos.

He compilado estas leyes en el libro **"El Gran espíritu Divino".** Para que poseas más conocimiento de la retroalimentación divina.

Pero una de las leyes fundamentales del universo, es la ley de Causa y Efecto. Nada pasa en el universo sin que antes, Una Causa, realice una acción que te lleve a un Efecto.

Tu causa es tu propósito, el efecto es la realización de este, y las acciones que deberías tomar para cumplir el objetivo pondrás esta ley a trabajar para ti. Pero si no haces nada hacía tu causa, no conseguirás ningún efecto en tu realización y comenzar a someterte otra ley, la ley de la polaridad, y la peor parte de esta, la que dice que si una acción no ayuda a tu causa, te alejará de ella incondicionalmente.

Por eso, si no eres feliz, haciendo lo que estás haciendo, la respuesta será infelicidad sin importar cuánto dinero o cosas materiales acumules en su ejecución, puesto que las acciones no son las correctas para tu realización.

Yo no puedo escribir un libro en una discoteca, ni tu hacerte millonario durmiendo.

Esto es lo primero que debes entender, quién eres, el Ser; dónde estás, Existir, y dónde quieres llegar, tú propósito, tú causa. Solo podrás alcanzar el verdadero éxito si te predestinas a tú causa.

Ya sabes quién eres, un Ser divino puesto en este mundo para alcanzar la máxima realización. El descendiente de él Gran Arquitecto Divino que vino a esta tierra a construir su propio destino.

Ahora comprende tu ambiente, porque a través de estes podrás Existir.

Capítulo 2
Existir.

"Existir es la conciencia plena del Ser, en ese preciso Instante".

J. Ben. Avil.

¿Qué es Existir?

Existir, en él Ser, es ser consciente de lo que se es, y hacia donde se dirige. Nadie vive realmente ni existe en total plenitud

si no sabe para que vive; debemos comprender de antemano que nada pasa por inercia de la creación, todo tiene un propósito, una causa y un efecto.

No puedes obrar mal y esperar que te vaya bien, no puedes abandonar a un hijo y no sentirte abandonado de la misma forma he inclusive peor después. Ya que el universo retorna en incremento cada energía que se crea.

Mucha gente se pregunta y dice, ¿Por qué me pasa esto a mí? ¿Qué hice yo para merecerme esto?

Aquellos que han venido a buscar mi consejo personal, les asombra mi desinterés por lo que les paso, y es que mi respuesta es más que obvia, te paso eso porque es el efecto a la causa que accionaste.

Muchos creen que pueden vivir la existencia haciendo lo que se les plazca,

sin siquiera ponerse a pensar en las consecuencias de sus acciones, están tan convencidos que hacen lo correcto que se olvidan que el bien y el mal, es al igual que muchas otras cosas, sola una percepción impuesta a la humanidad con leyes para regularizar el mundo exterior.

Pero esto no significa que estén en lo correcto, durante la época de la II Guerra Mundial en Alemania, era ilegal o malo ayudar o prestar refugio a un ser humano, por el simple hecho de que éste era judío.

El Ser, llega a este mundo con la esencia de bondad desde su nacimiento, con la percepción que es lo bueno o lo malo, pero esta predeterminación se ve alterada a medida que nos desarrollamos y es así como justamente, los seres actuales predeterminan su percepción de la realidad, diciéndoles constantemente _ "No Hagas Eso". Seguramente estaba

haciendo algo malo, para decir eso, pero ves, como él no lo sabía.

No sabias que lo que hacías era malo, hasta que alguien del mundo externo te enseña a través de su experiencia, que es malo.

Y he aquí el gran engaño, ese "No Hagas Eso". Marcará su vida hasta que encuentre un propósito.

Solo un propósito podrá cortar esos limitantes impuestos, sin querer, por sus padres. Jamás, debes culpar a tus padres por eso, a ellos les paso igual, porque nadie les enseño a educar correctamente a sus hijos, por lo que lo hicieron lo mejor que pudieron con lo que sabían hasta ese entonces, o de la misma manera en que ha ellos fueron educados, y de hecho, es probable, que justamente en estos momentos, tú mismo, los hayas superado en la vida.

Por eso nunca, nunca debes reprochar nada, deberías dar las gracias que estas aquí y estas despertando de la falsa realidad hacia la verdadera existencia. Y no estarías aquí sin tus padres.

Incluso agradece al que se fue, al que te abandono y cura esa herida, porque se fue para hacerte más hombre, o más mujer, más responsable, a ver la vida de otra manera, de la manera que justamente necesitabas ver.

Todo lo que paso, de aquí para atrás, absolutamente todo, te ha servido para algo, y te seguirá sirviendo para el camino. Pero no podrás reconocerlo si solo sigues ahí quejándote de lo que te paso, vas a perder tu tiempo de existencia quejándote de algo por lo cual no puedes hacer nada... que miserable existencia llevas. Cambia ahora y aléjate lo más que puedas de la gente negativas.

Perdona, debes reconciliarte con la existencia para existir y poder realizarte. Perdónate primero a ti, por pasarte horas llorando la herida por la que nunca tuviste el poder de hacer algo para cambiar el hecho, perdónate por permitirte dejarte amar por alguien que no te merecía, perdónate por todo lo que creas que debes perdonarte.

Luego perdona a tus padres, y finalmente a todos aquellos que desees perdonar, no tiene que ser de frente, porque en este universo todo somos un solo Ser.

Él Gran Espíritu Divino se encargará de llevar el mensaje a donde tú se lo pidas, así que, dirige a él todos tus perdones, pensando en aquellos que vas a perdonar.

Si no eres capaz de perdonar a todos, deja aquí este libro, no estas listo o lista para el gran propósito de la vida,

porque lamento decirte, que conseguir riquezas y realizar tu propósito arrastrando la infelicidad de tu pasado, nunca te permitirá disfrutar la plena felicidad de la vida que tanto deseas.

El perdón es fundamental para comenzar de nuevo y seguir con todo aquello que valga la pena hacia la realización del Ser.

Pero ojo, con perdonar no quiero decir que vayas y te pongas de buenas y convertirte en amigo, No, perdonar quiere decir que ya, sea lo que sea que te hayan hecho, ya no te dañara a ti, en consecuencia, una vez que hayas perdonado el hecho y curado la herida, aléjate lo más posible de esa persona, la gente no cambia solo porque las perdonas, lo volverán hacer si así se lo permites, protegerte de esas personas, hay gente que no necesitas en tu vida y ya. No tienes por qué darle explicaciones a nadie, toma

tu vida y vívela independiente a todos los demás.

A partir de hoy, toma la decisión de que nunca, nada de lo que te haya pasado, ocupara un lugar en tu nueva vida.

Esto te hará, 100% responsable de tú vida, y eso es lo primero para existir.

En la definición de existencia, nos dice, que el Ser existe, solo cuando se vuelve consciente de su existencia. Pero no hablo de vida, un Ser vive desde que nace hasta que cruza el umbral de la existencia hacia el siguiente mundo astral.

Pero casi todos viven, sin hacerse conciencia de su existencia.

Es decir, si un nativo africano vive bajo las costumbres de su tribu, la vida de este es la existencia en aquella tribu, ignorando por completo el mundo globalizado que hay a su alrededor, eso pasa porque su realidad a la que fue

sometido o sugestionado por su ambiente, es la que se le presento como existencia. Ignorando la existencia de todo lo demás.

Entonces, si te hacen ignorar todo tu potencial durante toda la vida, terminaras viviendo la vida en la existencia que se te presente en el ambiente en que te desarrollas y de esta forma, vives sin la conciencia de existir realmente.

Vives, pero no existes.

Es común escuchar entre la gente:

"Es lo que me toco"

No, es lo quisiste seguir heredando de tu generación. Si tu abuelo era pobre y este le heredo esa realidad a tu padre, tu padre será pobre mientras no cambie esa realidad. Y como no lo cambio, porque fue

lo que "le toco" te heredo a ti esa misma realidad.

Y aquí es donde entras tú, si sigues con el mismo patrón de permitir la herencia de esa realidad, esa realidad es la que tendrás, seguirás heredando a tus hijos y ellos a los suyos esa misma realidad, si ninguno es capaz de romper el ciclo heráldico de esa energía.

Y bien, **¿Cómo rompo la herencia?**

Pues, existiendo... Sí. Debes hacerte consciente de que tú, como Ser, existe individualmente a todos los demás, y que el poder, de elegir la vida, está en tus manos.

Elige la vida es lo mismo a decir define tu propósito y hazlo.

Una vez que hayas tenido éxito en la vida que elegiste, procura heredar a tus

descendientes aquello por lo que llegaste y no aquello que obtuviste.

Es por esto que estos dos capítulos hablan del Ser y su Existencia.

Seguramente conocerás por ahí, a alguien que su abuelo tenía mucho dinero, cruzado el umbral de la vida que llaman muerte, no paso mucho tiempo, que esa riqueza se esfumara de esa familia y quedara de nuevo bajo la falta de recursos.

Este es un claro ejemplo de herencia de bienes y no de propósito.

Quien tenga un montón de bienes y dinero no sabrá como ocuparlo correctamente en un propósito, hasta que defina el mismo el propósito que le dará valor a todos esos bienes y dinero.

De otro modo, solo los ocupara viviendo por aquello que se le presento como realidad... algunas personas que

ganan la lotería y de pronto tienen millones, malgastan al poco tiempo su dinero porque quieren vivir como millonarios. Pero esa percepción de vida millonaria es una sugestión del mundo exterior y no pasara mucho para que retornen a su realidad.

Ser millonario no es gastar en lo que quieras, para ser millonario primero debes hacerte millonario. Entonces una vez que te vuelvas realmente millonario comprenderás que es Ser millonario.

Lo que estas personas hacen, es gastar como millonarios, pero nunca fueron millonarios, solo tuvieron un montón de dinero disponible, que seguramente una persona millonaria hubiese invertido antes de comprar cualquier cosa y así, después gastar como el millonario que es, y no como cree que es.

El millonario que es millonario cuando tiene un activo, con ese activo, genera otro activo y luego con el primer activo sigue generando otro y con la utilidad del segundo se compra lo que quiere, si así lo considera. Ni siquiera por un arrebato o un impulso del momento, si no, solo si así lo considera, primero si lo necesita realmente justo en ese momento y luego si considera si puede, de otro modo, seguirá generando activos con ambos activos.

El dinero simplemente da vueltas, si quieres ser millonario debes aprender por donde circula y como retornarlo, en cambio el pobre, solo recibe y gasta y nunca le da la vuelta de ninguna manera.

Tiene que volver a trabajar, otro mes más, para conseguir más dinero para que vuelva a gastar y cuándo te enteras de esto; cuándo existes y para qué existes.

Existes para trabajar para otros, **¿Ese es el propósito de la vida?** El trabajo es un hecho, debes trabajar, la cuestión es que si trabajas para otros o para ti.

Si no tienes dinero lo mejor que puedes hacer es trabajar para otros y hacerte un capital para que puedas comenzar a trabajar para ti.

Cuando empiezas a trabajar para ti comenzaras a existir para ti, cuánto ganes y cuán lejos llegues dependerá cuanto trabajo arduo pongas en tu existencia.

Y es eso, lo que hace de este, un camino por lo que muchos no quieren pasar, muchos comenten el error de comenzar un negocio creyendo que trabajaran poco y ganaran más.

Esa es otra mentira creada por la sugestión del mundo exterior.

Trabajarás más y ganaras muy poco al principio, así que asegúrate de tener un piso de ahorro, de al menos 2 a 3 años para cualquier cosa ajena al control de tu existencia.

Entonces el trabajo, de existir para ti y cambiar la heráldica de tu familia, comienza mucho tiempo antes de dar el salto hacia la realización, hacia existir para ti.

Y por eso antes de todo, lo primero que debes hacer, después de saber quién eres como Ser, y la razón por la existes, es darte la motivación del Gran Espíritu Divino, y la única forma de hacerlo, es definiendo el gran propósito de tu vida.

Capítulo 3

Definiendo el gran propósito de la vida.

"El propósito es la energía divina que te mantendrá motivado, sin él.

Tú espíritu decaerá en el primer problema".

J. Ben. Avil.

Para definir tu propósito, no debes preguntarte que es lo que te motiva, ya

que la gran mayoría de las veces, lo que te motiva son pretextos externos a ti como Ser.

Podría motivarte darles un mejor futuro a tus hijos, tener dinero para solucionar problemas de salud, pagar deudas, etc. Pero todas estas son escusas, y muy validas; Pero en sí, para la realización del Ser, están en el mundo externo; Y su cumplimiento o realización, serán consecuencias del verdadero propósito.

Lo que debes preguntarte para definir tu propósito es:

¿Qué es lo que me hace feliz?

¿Qué es aquello que haría absolutamente gratis, si tuviera todos mis problemas resueltos?

¿Qué es aquello en que puedo servir?

Y esta última es la palabra clave de la vida, servir... estamos aquí para servir.

Seguramente te has dado cuenta, que, durante los momentos más felices de tu existencia, seguramente estabas sirviendo para otros, a un motivo o a un propósito colectivo, ya sea ayudando a tu comunidad, ha algún grupo en específico o simplemente para sentirte bien ayudando a alguien que sabes que te necesitaba.

Servir es la base fundamental de la felicidad y la riqueza.

Ningún millonario ha obtenido riquezas siendo un inútil.

Todos sirvieron a un propósito, ya sea entretenimiento, en la creación de sistemas digitales que ayudan a la humanidad, que innovan en procesos para facilitar la ejecución de algún proceso y con eso sirven al obrero haciendo más fácil su trabajo, de este modo, estos millonarios suelen ser los más felices.

Y es que la obtención de su riqueza material, llego a ellos como consecuencia de su servidumbre para la comunidad después de definir su propósito.

Sin embargo, hay quien son capaces de ver ese nicho de necesidad y la pueden traducir en oportunidad, entonces se vuelven útiles haciendo las actividades necesarias para satisfacer esa habilidad. Al cumplir su trabajo, obtienen riqueza material, pero no necesariamente son felices.

Ya que el propósito de realizar esa actividad, es obtener la riqueza que se puede generar en la satisfacción de esa necesidad, siendo útiles, pero no necesariamente sirviendo a la humanidad.

Del oportunismo de las necesidades insatisfechas, naces los millonarios tristes.

Son cubridores de nichos, pero su actividad no responde a su propósito, sino a su objetivo. Y como tal, sufren lo que llamo el síndrome de nicho vacío.

Este síndrome es el que hace a los millonarios tristes, su objetivo es cubrir tantos nichos como sea posible para así, hacerse cada vez con más riqueza, pero no importa cuantos nichos cubran, siempre sentirán el nicho vacío; y es que el primer nicho que se debe cubrir antes de decidir como generar la riqueza, es el nicho del espíritu.

Él Gran Espíritu Divino, nos entrega una parte de él, que llega a nosotros vacía, lo hace así, por la sencilla razón de que sea tu conciencia, quien decida como llenarla y solo hay una forma, debes definirle un propósito.

Y posteriormente, a ese propósito definirle objetivo que te harán millonarios a través del desarrollo de su excelencia.

Y aquí es donde debes tener cuidado con tu existencia, ya que, como llegas al mundo externo vacío, estas abierto o abierta a que cualquiera te llene de sugestión respecto a tú ambiente.

Es por esta razón, que debes tener cuidado a quien dejas entrar en tu existencia.

Y es que existe la posibilidad, de que, por ejemplo, estes con alguien que te haga sentir inferior, por consecuente la comunicación de la mente con el alma,

llegara a tú espíritu y retornara reciprocidad; Es decir, una respuesta al entorno.

Si tu permites que estas palabras o sentimientos de inferioridad se guarden en ti, jamás tendrás valor para salir, aunque hayas definido tu propósito, ya que te sentirás constantemente inferior a cualquier cosa que se imponga en tu camino.

En cambio, las personas que no permiten que nadie les diga como deberían ser, y como hacer, suelen tener una personalidad declinada a no percibir lo que podríamos llamar como algo imposible.

En la práctica, si una persona sugestionada a la autoestima baja, nunca vera posible la realización de un sueño y permanecerá soñando; esto es igual a estar dormidos en la existencia, y tu

objetivo es despertar de todo lo que te dijeron antes de tomar el control de tu vida para comenzar a existir.

Entonces, desde ahora, lo que vas hacer, es darte cuenta que el 90% de todo lo que tu entorno te ha dicho, es mentira.

Y es 10% que es verdad, es aquellas reglas sociales que como colectivo humano nos hemos puesto para desarrollarnos, comprendemos estas reglas como las leyes y derechos judiciales del individuo, la formación de Estado como unidad nacional, el sistema económico que nos rige como individuos y el sistema de derecho de salud.

Todo lo demás, es una mentira del mundo externo, pero no absoluta. Sino que se debe entender como opciones de verdad.

Estas opciones de verdad, son las adoptadas en tu desarrollo, y estas son los

ideales, la religión, la educación, y todo aquello que sea una opción para definir la dirección de tu vida.

Yo le llamo, mentiras del mundo externo porque están sometidas a la aceptación como verdad, si un individuo que acepta el feminismo como su verdad, no necesariamente será absoluta para otro que puede ser machista, del mismo modo que un católico acepta como verdad las palabras de su fe, que no son la verdad para un evangélico y ninguna de esta, es verdad para un gnóstico o un ateo.

Entiendes porque son mentiras, porque son verdades que puedes aceptar como tal, o puedes simplemente desechar como mentiras.

Entonces, esa definición de verdad la defines tu a través de tu Ser, respondiendo a la pregunta:

¿Qué quiero Ser?

Si quieres Ser ateo, seria incongruente que elijas la verdad del catolicismo, y es que estas respuestas debes descartarlas de primera instancia.

No es que camino elegir entre las opciones de verdad que se te imponen, es elegir el camino y construirlo a través de esas verdades.

Lo primero que debes saber, es que debes someterte a la verdad absoluta.

A las Leyes, al Gobierno, al sistema de Salud y todo aquello que nos rige como colectivo.

Y a partir de ahí, elijes lo que quieras Ser.

Y esa elección no debe ir en contra de las verdades absolutas, al menos que, si, y solo si, sea para innovar respecto a

estas mismas. Ya que estas verdades absolutas estas sometidas a elección del colectivo que las regula, es decir, de todos nosotros que la aceptamos como nuestra verdad organizacional.

Tienes un Gobierno, pero este puede ser democrático o dictatorial según la elección del colectivo, si al propio colectivo se le impone una forma de gobierno no regulada por el mismo, comienza la desestabilización del colectivo. Generando conflicto en la convivencia de todos.

Los Gobiernos dictatoriales, sin excepción alguna, terminan de algún modo con un colectivo en constante conflicto.

Del mismo modo que la imposición de ideales a un colectivo.

Y para esto existe lo que socialmente llamamos las propuestas a la gobernabilidad.

Que son todas estas ideas y proyectos que realizan todos los partidos o sectores políticos y sociales para el mismo colectivo.

Entonces si quieres ser millonario, no puedes hacerlo como propósito, ni mucho menos robando. Debes someterte a la verdad absoluta que robar es ilegal y que por lo demás, la riqueza es la consecuencia de la realización del propósito.

Entonces defines tu propósito bajo parámetros de un colectivo, de tu colectivo, pero al mismo tiempo, pensando únicamente en ti.

Y cuando comienzas a pensar únicamente en ti, comienzas a vivir tu

existencia, a despertar a tu verdadera vida, esa que hayas elegido para ti y no la que te han dicho que vivas hasta ahora.

Así que debes entender esto, para tu despertar debes existir, para existir debes elegir tu vida, para elegir tu vida debes asumir tu verdad, para asumir tu verdad debes definir tu propósito, para definir tu propósito debes definir tu servidumbre y para definir tu servidumbre debes responder a la pregunta:

¿Qué me hace realmente feliz? y

¿Cómo puedo servir a mi colectivo a través de ese sentimiento de felicidad?

Una vez que te hayas respondido a esta pregunta, comenzaras a predeterminar tu existencia a la realización de ti como Ser.

Entonces comenzarás a hacer para Ser.

Capítulo 4
Hacer para Ser.

"Nadie es cantante sin cantar ni payaso sin reír".

J. Ben. Avil.

Si quieres alcanzar el éxito y la felicidad a través del máximo desarrollo de tu Ser, debes por consecuencia, llegar a la cúspide de tu propia vida, es decir, a la realización de tu propósito.

Supongamos que la respuesta a las preguntas:

¿Qué me hace realmente feliz? y

¿Cómo puedo servir a mi colectivo a través de ese sentimiento de felicidad?

Es Educar.

Enseñar a otros mis conocimientos, es aquello que me hace feliz.

Yo no puedo darte una respuesta, porque el sentimiento de felicidad responde a la variabilidad del Ser, por lo

que, lo que me hace feliz a mí, no necesariamente tiene que hacerte feliz a ti.

Y es por eso, que este capítulo vamos a seguir ejemplos abiertos, para que a través de estos puedas identificar tus respuestas y así puedas definir tu propio propósito.

Si realmente Educar es lo que te hace feliz, no consideres si puedes hacerte millonario o no a través de tu propósito, es un hecho que puedes ser millonario en cualquier actividad mientras alcances la excelencia de esta.

Preocúpate primero de definir bien tú propósito.

Entonces, para nuestro ejemplo, tu propósito es Educar.

Ahora debes preguntarte:

¿Cómo sirvo al colectivo a través de la Educación?

La respuesta correcta no sería Educando como lo pensaste.

Porque esta es una respuesta automática limitante que se realiza en la mente que está bajo la sugestión del ambiente, es decir, esa respuesta está programada en ti desde antes por el ambiente, ya sea por tus profesores u cualquier otro medio. Principalmente por tus profesores, ya que, a ellos, bajo esa misma sugestión, se les limito a Enseñar y no a volverse millonario ejerciendo la realización de la actividad de Educando.

Enseñar no es lo mismo que Educar, quien enseña solo trasmite conocimiento sin poner en duda su autenticidad, mientras quien Educa, enseña buscando

la contemplación del conocimiento poniendo en duda su autenticidad.

Técnicamente te enseñan a obedecer y no a innovar y cuestionar respecto a lo que se sabe, pero lo grandes cambios de la humanidad, vienen junto a grandes cambios del propio conocimiento.

La respuesta correcta para este caso sería:

Sirvo a la humanidad, guiando a través de la educación, a los futuros retornados o niños del mañana, hacia un camino que volqué a la humanidad, a una dirección más noble junto al propósito del Gran Espíritu Divino.

Cuando tú espíritu interprete esta visión, comenzarás a sentirte parte de un propósito, y así definirás tu propósito en la vida. Porque entenderá que tu propósito en la vida no es Educar, sino

que, tu propósito en la vida es servir a la humanidad guiándola a través de la educación, hacia un camino más noble, junto al propósito del Gran Espíritu de Divino.

Eso es servir a Dios, eso es lo que Dios quiere realmente, que sirvamos.

Cuando en la Biblia se dice que se debe servir a Dios, en ninguno de sus versículos, dice exactamente servir a una congregación o a un pastor, ni a una iglesia.

Dice servir a Dios, y una cosa muy importante...

Caminar con Él, ni a la diestra ni a la siniestra de su estandarte.

El problema que muchos creyentes, que adoptaron la verdad de una congregación como verdad absoluta, no sirven a Dios, sirven a su congregación, a su iglesia, al padre o al pastor.

Por eso muchos de ellos, viven en constante prueba.

Que sean creyentes o no, no los salvara del castigo de Dios, son los actos guardados en el espíritu que le darán cuenta a Dios sobre tu salvación.

Si el pastor sabe guiar a las ovejas a servir a la humanidad, servirá al propósito de Dios, pero si esta, solo sirve para beneficiarse a sí misma, caminará a la siniestra de Dios.

La mayoría de los creyentes juzga y mata a los que no son igual en fe.

Cometiendo los actos más repudiados por Dios, juzgar al prójimo es juzgar a Dios, este juicio precipitado de fanáticos, termina en la muerte del Ser, no en carne, pero si espíritu.

Porque una vez juzgado, el Ser no querrá meter un pie en una iglesia, si lo

están condenado antes de entrar, **¿Qué motiva al Ser a buscar a Dios?**

En consecuencia, no culpa a los otros seres que le juzgaron, ni a la congregación x, culpa a Dios. Porque cuando usted camina con Dios, usted representa a Dios.

Y ese el problema en el mundo externo, los representantes de Dios que dicen su verdad sobre verdad absoluta de Dios.

Pero el templo de Dios es la carne, o sea, que nosotros somos Dios en carne y hueso, y Él, a través de nosotros vive como espíritu.

Nuestro espíritu es parte de Él, y como todos tenemos espíritu, todos somos Él, es decir todos somos un solo ser viviendo distintas experiencias al mismo tiempo.

Por eso Dios ordena, no hacer el prójimo lo que no te gusta que te hagan a ti, porque en realidad te las estás haciendo a ti mismo.

Si haces el mal otros, esa energía provocada por la acción en el mundo exterior retornara a ti, porque todos estamos conectados a través del espíritu, en el mundo interior, por el Gran Espiritu Divino.

Y lo mismo funciona, con los actos del Bien, estos vuelven a ti bajo la misma ley universal.

Entonces, volviendo a nuestro ejemplo:

Servir a Dios, para servir a la humanidad

Cómo sirves a Él, es el gran propósito de tu vida.

Supongamos que, del mismo modo, alguien ya no puede cambiar lo que hace en su vida.

¿Cómo sirvo si solo trabajo todo el día en una máquina que más bien destruye?

Lo primero que debes saber que todo se puede cambiar al favor de Dios y que nunca es tarde para servir a la humanidad.

Debes hacerte las preguntas correctas:

¿Para que destruye esa máquina?

Supongamos que destruye para hacer caminos.

Entonces tu propósito no es ir trabajar todos los días para subirte a una máquina que destruye.

Tu gran propósito en la vida, es contribuir a la conectividad de la humanidad, para que esta, a través del camino que construyes, puede facilitar su desplazamiento para conseguir víveres que alimentaran a muchas familias.

Cuando aceptes que lo que haces importas, comenzaras a Ser más feliz, comenzaras a realizarte como Ser.

Y buscaras maneras de hacerlo mejor y te volverás excelente en lo que haces, y esa excelencia es la que finalmente paga el valor de la riqueza.

Puedes volverte tan excelente, que juntas capitales y fundas tu propia compañía y haces de tu propósito de vida, tú visón corporativo.

El reconocimiento de la excelencia de tu trabajo te hará finalmente millonario y la realización de tu propósito te hará feliz.

Si no puedes cambiar tu vida, busca cambiar la forma en la que ves.

En el ejemplo anterior, cuando definimos a la Educación como propósito, nunca impuse verla desde los ojos de quienes nos las enseñan, si no debes permitirte dejar volar tú menta para percibir el gran propósito de la vida a través de la servidumbre.

Y debes hacerlo con cualquiera que sea tu propósito para definirlo correctamente.

Una vez que hayas decidido que hacer, debes convertirte en ese Ser

Debes hacer para Ser.

Si queríamos contribuir a la humanidad a través de la educación guiándola hacia un camino más noble.

Lo primero que debes hacer es volvernos docentes o expertos en la materia que más te guste para contribuir.

Si quieres educar en matemáticas debes hacerte primero docente de matemática.

Y así con lo que sea que hayas definido.

Así comienzas a realizarte, con la excelencia de tu realización viene la compensación del mundo externo.

Nadie te va a buscar si eres mediocre en lo que haces, ni mucho menos te va a recomendar si lo haces mal.

Solo la excelencia se trasmite.

Cuando te encaminas a tu propósito, tu espíritu te envía energía para mantenerte constantemente motivado, te viene la motivación en la vida, de percibir que haces lo que te gusta, de sentir que te estas realizando y en ese camino, nace la felicidad.

La felicidad es una energía del interior.

Cuando un Ser trabaja en algo que no le gusta y aun no descubre su propósito en ese lugar, seguramente será infeliz durante toda la jornada y solo sentirá algo de felicidad a la hora que tenga que salir de su trabajo.

En cambio, las personas que, trabajando con su propósito definido, el día pasa rápido y se les puede ver contantemente felices por lo que hacen.

Una vez que hayas definido tu propósito, y ajustarlo a la servidumbre del Gran Espiritu Divino, debes fijarte la máxima visión de su realización.

En el caso de maquinista, la máxima realización del Ser bajo ese propósito, es crear una empresa constructora de camino, que contribuya a la conectividad global de todos los pueblos.

Contribuyendo a la humanidad, a través de distintos equipos de trabajo, la constante mejora de la conectividad.

En el caso de nuestro educar, su máxima visión de su desarrollo, es la fundación de una prestigiosa universidad, de reconocimiento global, impulsada a desarrollar mejores profesiones y docente de alto valor para la humanidad, otorgando distintas becas o facilidades, a través de sus distintas sedes y

patrocinadores internacionales para fomentar el crecimiento humano.

Posicionando a sus alumnos, como agentes activos en la solución de las distintas problemáticas que enfrenta nuestra sociedad, otorgándoles las herramientas necesarias para alcanzar sus éxitos personales que contribuirán a crear una nueva y mejor humanidad en la que todos podamos Ser.

Estas son ejemplos de la máxima visón del gran propósito de tu vida. Debes fijártela porque contantemente acudirás a ella, para saber si lo que haces hoy te dirige hacia ella.

Como nada es neutro por ley universal, si lo que haces no te acerca, en consecuencia, te aleja de tu máxima visión.

Una vez hayas definido tu propósito y lo hayas anclado al servicio del colectivo y tengas absolutamente claro tu máxima visión de desarrollo, asúmela como tu verdad absoluta antes que acetes cualquier otra.

Tu visión será tu verdad absoluta, viveras por ella, trabajaras para ella, existirás para ella hasta que te vuelvas esa visión y cuando te vuelvas en tú visión, serás el Ser que quisiste Ser.

El camino no es fácil, no siempre será bueno, y pasarán muchas cosas en el camino que saldrán de tu control por habitar en el mundo externo, pero puedes controlar la reacción ante las mismas a través de tu mundo interno.

Asume de ante mano que no será perfecto el camino, pero está en ti, mantener la dirección.

Ahora, para lograr tu máxima visión, debes predestinarte a ella, y para hacerlo debes administrarte para la vida.

El siguiente capítulo, se expone un resumen de mi libro más completo titulado **"Administración para la Vida"**.

Allí podrás encontrar distintas sugerencias de administración de tiempo y fijación de metas y establecimientos de objetivos para lograr paso a paso tus sueños.

Capítulo 5
Administración para la vida.

"Los primeros recursos que debes administrar para alcanzar el éxito,

son la mente y el tiempo".

J. Ben. Avil.

Una vez hayas fijado tu máxima visión para tu vida, comienza el gran juego, esta visión es el gran propósito de

tu vida, trabajar para ella te traerá realización, esa realización te traerá felicidad, la felicidad te traerá motivación, la motivación te traerá excelencia, la excelencia te traerá riqueza material y todo en su conjunto te hará un millonario feliz y realizado.

Si te fijas bien, no es un sueño ilusorio, sino más bien, un camino que te dispones a recorrer.

La distancia de este camino lo determinara tus posibilidades de alcance de esa visión.

Por ejemplo:

Si quieres ser un gran Doctor con su propia clínica y solo tienes 14 años, el camino será largo; y el secreto, para llegar más rápido, es haberte fijado el destino para estar atento a los atajos y no distraerte en el camino.

Estos atajos, son simplemente oportunidades y no debes dar por hecho su existencia, son lo que son, oportunidades.

Ejemplo:

Si quieres ser un gran Doctor con su clínica, seguramente en el camino encontrar a otro igual con el mismo propósito, ya sea en la facultad de medicina o en ese ambiente en el que te predeterminaste para realizarte.

Y este a su vez, a otros más.

Entonces, para crear una clínica, necesitas capital, seguramente solo no podrás, y la oportunidad de la realización podría constituir el desarrollo de un equipo integro que compartan la misma visión.

Entre todos conformar un capital de trabajo para desarrollarse como colectivo en asociación, estas oportunidades son las más tomadas por la gente.

Ya que algo que podría tomarte toda una vida, lo puedes hacer en 15 años.

Estos son los atajos de la vida, no son sueños que te vende de riqueza fácil y espontanea.

La creación de valor constituye tiempo para desarrollar la excelencia.

Del mismo modo, que no puedes volverte un médico especialista en un año, necesitas autodirigirte a tu realización.

Si tienes 14 años, primero termina la educación media hasta los 18 años, luego entra a la universidad, estudia 5 años medicina general y especialízate en 3 años, vuélvete excelencia con la experiencia 5 años ya han pasado unos 17 años.

Necesitas diciplinas para caminar a hacia tu visión por 17 años en la dirección correcta.

Lo bueno que la disciplina es un hábito, en consecuencia, se puede adquirir y en muy poco tiempo.

Estudios demuestras que solo basta 21 días para adquirir un hábito para toda la vida.

Dime los hábitos que llevas y te diré la personas que te volverás.

Y aquí debes saber diferenciar tus hábitos, hay hábitos buenos y hábitos malos; lo único que diferencia los unos a de los otros, es que los buenos te acercan a tu propósito y los malos te alejan de él.

Debes constantemente preguntarte si lo que hago hoy, me lleva a mi futuro, si no lo hace, cambia rápidamente hacia el camino fijado.

Si tienes ya malos hábitos, como beber, fumar, procrastinar debes saber también, que estos se pueden quitar.

La forma de hacerlos es reemplazarlos por otros, en caso de hábitos malos pasivos como procrastinar.

Procrastinar es el arte de sentirse cómodo haciendo nada, esa es la zona de confort bien llamada, la única forma de salir es hacerte sentir a ti mismo, autosugestionarte, a sentirte incomodo con ese confort.

En el caso de los Hábitos activos, la cosa es más difícil. Ya que estos te obligan a su realización, haciendo sentir extremadamente mal, si no lo haces.

Estos hábitos activos son las adicciones, a todo tipo, a drogas, juegos, apostar, sexo, etc.

La única forma es reemplazar estos hábitos es arrebatarles, el sentimiento de

satisfacción que te produce y dejar de consumirlos, obligándote a ti mismo, a tener el control de tu Ser.

Asume que lo vas a pasar mal, dejar las drogas no es un juego, porque si lo haces mal, volverás a caer y consumirás más, y en un descuido podrías morir de sobredosis si no te controlas a ti mismo.

Muchas personas han muerto por sobredosis en una recaída, por lo que, si tienes estos malos hábitos activos, asegúrate que sea para siempre. Con el tiempo veras que Él Gran Espiritu de Divino te lo recompensará.

Debe comprender entonces, para alcanzar tu realización, debes tener no solo tu máxima visión, sino también, el total control total de tu vida para decidir qué es lo que quieres en ella.

Una vez te tengas a ti mismo y te liberes de las cadenas del mundo exterior,

podrás construir tu propio mundo exterior en dirección a tu máxima visión.

Para ello, la diciplina es fundamental, y para mantenerte diciplinado debes aprender a administrar tu vida.

Los recursos más valiosos con lo que contarás, serán tu tiempo y tu mente.

Como administras tu tiempo y que pones en tu mente determinaran tu realización.

Si tu máxima visión es Ser un gran Doctor y poner una clínica, no lo logras yendo a una discoteca todos los fines de semanas haciéndote el hábito de la adicción al alcohol.

Del mismo modo, que si no vas a la discoteca y no consumes alcohol y no ocupas tu tiempo alcanzando tu máxima visión, no metes en tu cabeza las

herramientas y conocimientos necesarios, simplemente no alcanzaras tu visión.

Tiempo y mente son los puntos cardinales de tu camino.

Estudiando para ser un Gran Doctor y administrando correctamente tu tiempo, te llevaran a conseguir la visión que en este ejemplo se desea.

Habiendo dicho esto, la forma administrar tu vida es la siguiente:

Conceptos Básicos:

1.   Visión:

Es la proyección máxima que debes aspirar tu realización.

2.   Requerimientos:

Son todas aquellas herramientas tangibles o intangibles que necesitas para desarrollar tu visión.

3.   Presupuesto:

Son todos los costos asociados a la realización de la visión.

4.   Cartola:

Es aquella hoja que puede contener una tabla, datos, notas y cualquier tipo de información relevante para plasmar el desarrollo de tu visión. La primera cartola que harás, será justamente cuando lleves a la práctica todos estos conceptos.

5.   Período de retroalimentación:

Son momentos, fijados en el proceso de la realización, para complementar, evaluar, redirigir o eliminar cualquier información determinada en la cartola.

6.   Período auto compensatorio:

Tiempo determinado para premiarte por el desarrollo de tu realización.

7.   Misión:

Puede ser más que una, según cual se tu visión, respecto a donde te encuentras justo ahora y tienen cada una de ellas, un tiempo determinado fijado generalmente a largo plazo.

8.   Objetivos generales:

Son propuestas destinadas a la realización de cada misión, por lo cual, cada una de tus misiones, deben contener para ellas, un objetivo general que guie a su realización en un tiempo determinado.

9.   Objetivos específicos:

Son propuestas destinadas a la realización de cada objetivo general, estos pueden ser la cantidad necesaria para la realización y deben fijarse bajo un tiempo determinado a mediano plazo.

10. Metas:

Son propuestas destinadas a la realización de los objetivos específicos y deben ser representadas en un tiempo determinado de corto plazo.

Como te podrás imaginar, deberás aplicar cada uno de estos conceptos. Y la forma correcta de ver su interpretación es con un ejemplo en cartola

La siguiente cartola muestra la ruta general de tu vida:

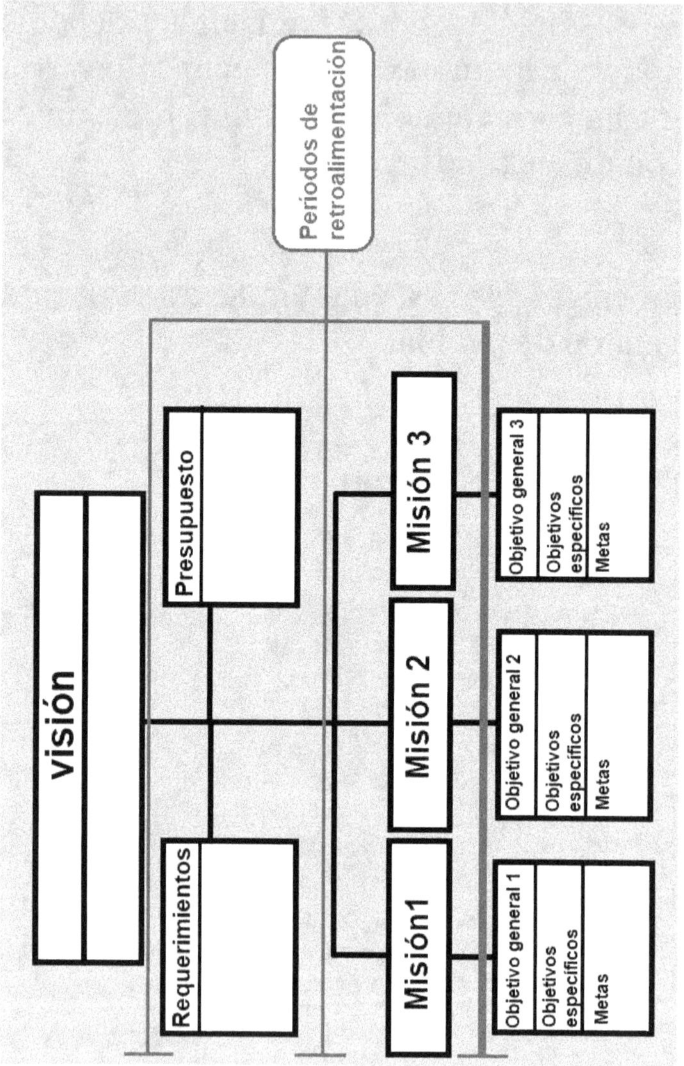

visión

Requerimientos

Presupuesto

Períodos de retroalimentación

Misión1

Misión 2

Misión 3

Objetivo general 1
Objetivos específicos
Metas

Objetivo general 2
Objetivos específicos
Metas

Objetivo general 3
Objetivos específicos
Metas

Una vez desarrollada esta primera parte de tu cartola, deberás comprender su funcionamiento, tu visión hace tus requerimientos y presupuestos, estos a su vez hacen tus misiones.

Ejemplo:

Supongamos que estoy a 2 años de egresar de la educación media, por lo que tengo 17 años y quiero planificar mi vida.

Si mi visión es ser médico en 7 años, uno de mis requerimientos será ingresar a la facultad de medicina en 2 años y para hacerlo necesito una cierta cantidad de dinero que cubra la carrera, volviéndose parte de mi presupuesto.

Debes listar todo aquello que crees que podría pasar, con el único propósito

que la vida no te sorprenda y si lo hace, puedas a través de esta ruta de vida, tener un plan para enfrentarla.

A través de esto, nacen mis misiones y para ejemplo vamos a enumerar dos:

Visión: Ser médico en 7 años.

Misión n°1: Ingresar a la facultad en 2 años.

Misión n°2: Conseguir el dinero de la carrera en 2 años

De cada una de estas misiones, nacerán muchos objetivos generales para su realización, vamos a dejar algunos 2 por cada misión solo para el ejemplo:

Visión: Ser médico en 7 años.

Misión n°1: Ingresar a la facultad en 2 años.

Objetivo general n°1: Aprobar la prueba de ingreso a la facultad 1 año.

Objetivo general n°2: Matricularme en 2 años.

Misión n°2: Conseguir el dinero de la carrera en 2 años.

Objetivo general n°1: Conseguir una beca de estudios en 1 año.

Objetivo general n°2: Solicitar un crédito educacional en 2 años.

Por cada objetivo general nacerán objetivos específicos, de los cuales vamos a enumerar solo 2 por el primer objetivo

general de la primera misión solo por concepto y a modo de ejemplo:

Visión: Ser médico en 7 años

Misión n°1: Ingresar a la facultad en 2 años.

Objetivo general n°1: Aprobar la prueba de ingreso a la facultad 1 año.

Objetivos especifico n°1: Rendir la prueba de ingreso a la faculta en 1 años.

Objetivo específico n°2: Asegurar una buena calificación en 1 año.

Y finalmente, de estos objetivos específicos, nacerán metas para su desarrollo. Vamos a mostrar 2 metas por

cada objetivo específico para seguir con el ejemplo:

Visión: Ser médico en 7 años

Misión n°1: Ingresar a la facultad en 2 años.

Objetivo general n°1: Aprobar la prueba de ingreso a la facultad 1 año.

Objetivos especifico n°1: Rendir la prueba de ingreso a la faculta en1 años.

Meta n°1: Inscribirse para rendir la prueba de ingreso en 1 año.

Meta n°2: Mantenerme informado de las fechas disponible en 1 año.

Objetivo específico n°2:
Asegurar una buena calificación en 1 año.

Meta n°1: Estudiar todos los días al menos 2 horas por 1 año.

Meta n°2: Solicitar apoyo académico constantemente por un 1 año.

Y así, la ruta del éxito se presentará ante tus ojos, en este caso quedaría de la siguiente manera:

Visión:

Misión n°1:

    Objetivo general n°1:

        Objetivos especifico n°1:

        Meta n°1:

        Meta n°2:

        Objetivo específico n°2:

        Meta n°1:

        Meta n°2:

    Objetivo general n°2:

Misión n°2:

    Objetivo general n°1:

        Objetivos especifico n°1:

        Meta n°1:

        Meta n°2:

        Objetivo específico n°2:

        Meta n°1:

        Meta n°2:

Los períodos de retroalimentación son variables en el tiempo y fijados al desarrollo de tu ruta, los retroalimentaras cuando estimes que debes agregar otra meta o eliminar una ya cumplida u otra que ya no es necesario realizarla.

Como, por ejemplo, si tu padre te dijese que pagara tus estudios, por la que ya no deberás realizar la misión de conseguir ese presupuesto.

Por otra parte, el período auto compensatorio, se fija al termino de cada meta, objetivo específico, objetivo general, misión y visión y es un auto regalo que te das por haber desarrollado cada paso de la ruta, lo que te mantendrá aún más motivado.

Todo esto deberás desarrollarlo en una segunda cartola, de tal manera que quede estructurada de la siguiente manera:

Deberás hacer una de estas por cada misión que te impongas para lograr tus sueños.

VISIÓN: FECHA:

MISIÓN N°1   FECHA:

OBJETIVO GENERAL N°1

OBJETIVO ESPECÍFICO N°1   FECHA:

META N°1
META N°2
META N°3

OBJETIVO ESPECÍFICO N°2   FECHA:

META N°1
META N°2
META N°3

Al finalizar, tendrás tu proyecto de vida general, que es la primera cartola y la ruta a seguir; esta ruta es el camino de tu vida y será tu disciplina la que te mantendrá en la correcta dirección.

La forma de mantenerte en ella, es seguir los pasos fijados en tus cartolas de misiones.

Como dije anteriormente, este es un resumen de mi libro titulado **"Administración para la Vida"**. Si deseas conocer más respecto a este proceso.

Así es como se logran los sueños, paso a paso de una meta a la vez, no hay polvos mágicos ni sueños imposibles.

El cumplimiento de cada una de tus metas te llevará a la felicidad del desarrollo.

Capítulo 6
La felicidad del desarrollo.

"No hay nada que haga más feliz a un Ser,

que el sentimiento de sentirse realizado".

J. Ben. Avil.

Si no eres feliz haciendo lo que haces, no lo hagas; suena fácil decirlo,

pero olvidamos que somos seres humanos con responsabilidades.

Muchas personas se dan cuenta que no son feliz cuando la vida la tienen hecha, tienen hijos, están casados y llevan tanto tiempo en su trabajo que no saben hacer otra cosa.

Esto pasa porque vivieron dormidos toda su vida, se dejaron llevar por la verdad impuesta del mundo externo antes de ver su propia verdad interior.

Ahora su verdad interior es la verdad de mundo externo. Y en con consecuencia es también la verdad absoluta.

Si dejas de trabajar, no ingresa dinero, sin dinero no comes, no vives y no podrás criar bien a tus hijos.

Vives un bucle infinito que desearas salir, pero sabes que no podrás salir tan fácil, que es arriesgado y muchas personas

no hacen nada y se quedan en su zona de confort y frustrado por sus vidas.

Pero piensa esto, le estas dejando a tu hijo tu herencia de vida, tu hijo vivirá bajo esa verdad impuesta, tendrá hijos, y para criar a sus hijos aceptara un trabajo que no le gusta y se casara y pasará así 20 años, hasta que se dé cuenta que tampoco será feliz.

Es común entre los adultos escuchar:

_ "No era lo que quería".

Esto es a cusa de la herencia de la verdad impuesta; dicen por ahí que los hijos son el reflejo de sus padres, si tu como padre y madre solo vive bajo la verdad impuesta, esta verdad será la misma para tus hijos.

Es verdad que nos vamos a casar, que vamos a tener hijos, que vamos a tener un trabajo y que vamos a necesitar dinero para comer y vivir. Esta es una verdad absoluta del sistema que elegimos para vivir.

No puedes ir en contra de ella, al menos que no quiera casarte, tener hijos ni trabajar y, aun así, necesitaras dinero para comer, siendo un vago es muy poca la caridad que se recibe y solo te harás un Ser miserable que irradia pobreza de todo su Ser, no viniste al mundo a no Ser nada, hasta el pasto que esta estático hace más por el mundo que un vago en el alero de la caridad social.

La caridad es buena para el alma, cuando esta va a quien realmente la necesita, a algún discapacitado, alguien con problemas de salud, etc.

Un drogadicto alcohólico no necesita caridad monetaria, necesita caridad social integral. Un grupo de apoyo que ayuda a salir de sus adicciones.

Esa es una verdad absoluta, pero tu verdad es aquella que decides cuando tomarla, ese es tu despertar, esa es tu libertad; vas a tener hijos sí, pero tú decides cuando y con quien o si lo adoptas o simplemente no quieres tenerlos, vas a casarte si, pero tú decides cuando, con quien, porque, para qué, y si no quiero casarme; vas a tener un trabajo pero tú decides que trabajo, para que trabajas, y con quien trabajas o si el trabajo me lo invento yo y en vez de buscar trabajo busco formar mi negocio y después el que ofrece trabajo soy yo en vez de buscarlo.

Esa es mi verdad, tu verdad, esa es la libertad social, no es más que el poder de elegir cual será tu verdad y cuando quieres que lo seas.

En cambio, muchos no se dan cuenta que estas son opciones y terminan tomándola por la ley de causa y efecto, como consecuencia de lo que hicieron sin pensar.

Generalmente es una cascada de consecuencia que no te da opción de Ser, ese es el gran engaño de la sociedad.

Te imponen una verdad para que dejes de Ser y en consecuencia nunca seas.

Ve divertirte te dice la TV, hay música en la radio y en la discoteca, hacen "la pre" en casa de sus padres, o en casa de los padres de tus amigos y te vas a la discoteca, allí conoces a alguien te embarazas como hombre y mujer porque los bebes se hacen de a dos, y te llega tu hijo, si eres lo suficientemente hombre y mujer apañas, y ya vas a media verdad impuesta, tienes que buscar un trabajo que no quieres para alimentar a un hijo

que no planeaste y seguramente te casaras con alguien que no conocías bien y tu matrimonio será poco menos que un infierno y terminaras en el bucle hasta que afrontes la verdad que nunca planeaste nada.

Viviste infeliz bajo las consecuencias de tus actos y lo peor es darte cuenta que nunca tendrás a nadie a quien culpar.

Algunos se dan cuenta y simplemente terminan frustrados, enojados con la vida y no hacen nada para romper esa herencia y otros se dan cuenta que fueron el sacrifico, y lo mejor que puedes hacer es ser el sacrificio, aquel que vivió y aprendió y ahora educa para que sus hijos no reciban la misma herencia que el tomo como consecuencia.

Tu trabajo es romper la herencia si ya estás viendo la verdad que te impusieron.

Y si no quieres llegar allí, tu trabajo es dejar de ver a tus padres y comienza a buscar un mentor.

Es común que muchos padres se den cuenta cuando ya es tarde, y lo único que le pueden decir a sus hijos que no hagan lo mismo que ellos, porque tampoco saben que decirles a sus hijos, nadie te enseña la vida y cuando te das cuenta de la verdad absoluta de que tú vida estaba en tus manos, te das cuenta que seguiste un ideal o modelo de vida del mundo externo, justo cuando ya la vida se va acabando.

Lo mejor que puedes hacer, es educar a tus hijos para que no terminen como tú, así romperás la herencia de verdad, incentivándolo a buscar su felicidad interior, aquella que es permanente, no esa felicidad de fin semana para volver a la realidad del lunes.

Se que suena cruel, pero si ya despertaste intenta ahora despertar también a tus hijos, es un hecho que todos llegamos dormidos a este mundo.

Si tus padres aún no se han dado cuenta, ellos no pueden ayudarte, y no tiene culpa alguna, todos estamos sometidos a la verdad del mundo externo, y son muy pocos los que logran romper esa barrera.

Lo buenos es que, si tú lo sabes, puedes hacer lo que te propongas.

Si no sabes cómo empezar, mira a quien haya llegado a donde tú quieres estar y hazlo tu mentor, lee lo que el lee, intenta hacer para Ser y así poco a poco te volverás lo que realmente deseas.

Usa la administración para la vida para fijarte tu propia realización, porque será esto que te dará felicidad permanente.

Elige la vida, planéala en su totalidad, una vez que tengas tu plan de vida hecho, decide si quieres o no la verdad absoluta de la familia; esposa, hijos, etc. y decide cuándo la tomarás.

Si vas a estudiar quizás quieras hacerlo después de terminar y así planéalo, si vas a formar un negocio quizás sea mejor después que este te de dividendos para vivir.

Cada vez que vayas planeando tu vida, la felicidad te alcanzara en cada logro, cada pequeña meta cumplida te acercara a tu objetivo específico, cada objetivo específico te acercara a tu objetivo general, cada objetivo general te acercara a tu misión y cada misión realizara tu visión.

Hay dos períodos en cada paso cumplido, es el auto compensatorio, cada vez que logres una meta, un objetivo y una

misión, prémiate a ti mismo con algo que quieras.

Ejemplo:

Si quieres irte de vacaciones a Chiloé, cuando logres la Misión N°1 lo harás, y para eso dentro de esa misión, uno de tus objetivos generales será ahorrar para comprar los pasajes para el viaje.

Si quieres cómprate algo, del mismo modo lo harás como premio en el desarrollo de un objetivo específico.

Si quieres comprarte algo pequeño. De la misma manera, lo harás al desarrollo de una meta.

Estos premios del período de autocomposición liberaran en un cerebro satisfacción y felicidad.

Estas pequeñas cosas en el desarrollo tus logros forjaran un hábito que formara la felicidad del desarrollo, a medida que lo vayas ejecutando, te sentirás más atraído a tu propia realización, querrás compensarte más luego, por eso también, debes ser firme en otorgarte el premio cuando corresponde, ya que, si no lo haces, le dirás a tu cerebro que puede recompensarse cuando él quiera y así muy pronto olvidaras tus metas.

Debes tener diciplina, las recompensas son parte del proceso, y te impulsan a hacer algo, del mismo modo lo hace el mundo externo al decirte, que si haces algo te darán esto y aquello.

No es la recompensa en sí, sino la promesa de recompensarte por hacer algo.

Los jefes le llaman incentivo, los gobiernos le llaman bono, cada quien tiene su nombre, para impulsarte a la ejecución de una actividad.

La diferencia es que tú la harás para tu desarrollo y en beneficio única y exclusivamente para ti.

Es una estrategia 100% efectiva para evitar la procrastinación, pero una regla que, a su vez, debe ser inquebrantable para su efecto.

El incentivo a un premio te mantendrá motivado y te hará avanzar más rápido al predestinarte a su realización para obtener tu recompensa.

Así es como se forja el hábito de la felicidad, a través de la felicidad del desarrollo.

Una vez que ya hayas logrado cualquier meta, objetivo o misión, deberás

someterte   al   período   de retroalimentación.

Aquí es donde sacarás de tu cartola las metas, objetivos misión realizadas, para incluir otras si fuese necesario para la realización de tu visión.

El cumplimiento de tu visón a través de la cartola de la administración para la vida, forjara el verdadero éxito de vida, que el éxito de la realización.

Capítulo 7
El éxito de la realización.

"No se puede llegar a la cima del éxito, sin antes, dar el primer paso hacia la cumbre".

J. Ben. Avil.

¿Qué es el éxito?

Todo el mundo quiere ser exitoso verdad, pero ¿Qué es realmente el éxito? El

problema es que te venden un sueño impuesto, una verdad impuesta que no es absoluta, y es por esta razón que muchos terminan, realizando una mentira.

Es triste ver, como muchas personas que buscan el "éxito" no tienen tiempo para vivir su éxito, y peor aún, cuando lo obtienen, estas ni siquiera son felices.

Es que el éxito real, no tiene nada que ver con Ser millonario, pregúntale a un montón de ricos tristes si es común que se sientan solos en el día a día.

Esa es la mentira del mundo externo, hacerte creer que el éxito es volverte millonario.

El éxito es la felicidad producida por realización de una acción predeterminada al crecimiento del Ser.

El mayor éxito que debes buscar en la vida es Ser feliz, y solo podrás ser feliz

si hace todos los días, lo que te hace realmente feliz.

No permitas que el dinero te quite la alegría, deberías obtener dinero siendo feliz para que este magnifique tu felicidad.

Tu mayor reto en la vida será buscar aquello que te hace feliz, dedicarle todo el tiempo que merece para poder volverte excelente en lo que haces para que, como consecuencia de tu realización, serás feliz volviéndote el millonario que deseas Ser.

El dinero no es el problema, el problema es lo que haces para obtenerlo.

El éxito viene de la realización de lo que uno realmente quiere Ser, de la realización de metas, de objetivos y de misión para alcanzar tu máxima visión de tu vida.

Define ahora en este momento, que el éxito para ti, es la máxima realización de tu vida y hazlo tu verdad absoluta y

nunca permitas que alguien del mundo externo cambie esa verdad.

Tu visión es tu éxito, ser millonario a través de la excelencia en la realización de tu visión es tu éxito financiero.

Convertirte en un millonario feliz es tu éxito, de nada te servirá el dinero si sufres teniéndolo, del mismo modo, de nada te servirá la vida si vives para realizar las visiones de otros.

El éxito no está donde estas, hay una cumbre que alcanzar hacia tu visón, y como toda cumbre no será fácil alcanzarla y pasarán muchas cosas en el camino, algunas serán difíciles de asimilar y otras, a medida que vayas subiendo la cumbre, te darás cuenta que ya las esperabas por tu propia intuición.

Pero si puedes atravesar por todas las cosas que te esperan, podrás alcanzar la cumbre del éxito, por eso, ya que aún

no has comenzado a escalar o quizás vas a medio camino, me gustaría dejarte unas recomendaciones de hechos que a muchas personas le pasaron a medida que fueron escalando sus propias cumbres, estos hechos son experiencias que se repiten una y otra vez y seguramente más de una ya te ha pasado.

Tómalas como lecciones de vidas aprendidas ya vividas por gente que alcanzo su verdadero éxito, solo para que esté preparado al momento de enfrentarla.

Serán de gran ayuda en tu subida.

La cumbre del éxito

1.   Asume de ante mano que no será fácil.

Cualquier cosa que te predispongas hacer, no será fácil, no porque todo tiene que ser difícil, es porque en realidad estas avanzando. La razón real porque las cosas nuevas que haces son difíciles, es simplemente porque nunca las has hecho antes.

Esto es igual a progreso, no lo notaras, pero en cuanto más lo hagas más fácil, así será con todas lo que hagas, primero difícil, luego lo asumes y finalmente serán fáciles del mismo modo que aprendiste a andar en bicicleta, primero fue difícil y luego ya andabas hasta sin manos.

2.   Entre más rápido asumas lo que tienes que hacer, más rápido lo harás.

Hay una razón de porque la gente no cumple sus sueños, es porque no lo

asumen; los sueños son la visión de nuestras vidas y estas se guardan por mandato divino en el único y verdadero templo de Dios, nuestro cuerpo y mente, nuestros sueños no nacen en la cabeza de otro ni otros tienen con ellos nuestros sueños, los sueños son lo único verdaderamente nuestro, pero cometemos el error de no asumirlos para la realidad, como nuestra verdad absoluta de nuestro Ser, y así dejamos entrar a nuestro templo el mundo externo y terminamos dudando, la duda le abre la puerta a la incertidumbre y esta nunca anda sola, siempre la acompaña el miedo y este solo llega para consumirte la vida en un finito tiempo de existencia donde constantemente no asumimos nada. Esos son los verdaderos demonios que deberás enfrentar en la vida, todos aquellos que te la arrebatan, y solo hay una forma, asumiendo que responsabilidad de que tu vida está en tus manos, si tienes que hacer

algo, lo haces. Si tienes que hacer aquello, lo haces. Si tienes que hacer lo necesario para ser feliz, lo haces y punto.

Y ese último punto es una puñalada a los demonios de tu vida, entre más puñaladas le des, más rápido lo mataras hasta que te liberes de ellos por completos.

De la misma manera como se matan los malos hábitos, no lo hago y punto.

En mi libro, **"Administración para la vida"** hablo de la "regla de 3 tiempos" para los casos de duda y debilidad.

Es una regla simple muy sencilla de entender y la puedes aplicar a cada aspecto de tu vida.

Es simple, cada vez que tengas que hacer algo, y no quieras hacerlo y empieces a dudar si hacerlo ahora o dejarlo para mañana, cuenta en tu mente 1,2,3 y lo haces.

Cada vez que tu mente te diga que debes hacer algo 1,2,3 y lo haces.

Así de simple, esta regla impide darle pretexto a tu cerebro para no hacerlo, es increíble como en más de 3 segundos tu mente te dará un montón de razón y excusas para no hacer lo que tienes que hacer, con esta regla bloqueas todas esas excusas.

Y es básicamente eso, no permitirle a tu cerebro que te de excusas y empujarte a tu realización.

Si quieres saber más esta regla puedes ir al libro **"Administración para la vida"** donde hay un capítulo entero sobre la **"regla de 3 tiempos"** y métodos de aplicación efectiva.

3. Vas a dejar atrás a muchas personas

Si, aquí iba a poner que vas a perder a muchas personas, pero la cambie por vas a dejar atrás a muchas personas, porque en realidad, ha medido que yo mismo he vivido, me he dado cuenta que nadie pierde algo que no le hace falta. De hecho, la mayoría de tus amigos, que te llevan por buenos hábitos, solo te arrastran para no hundirse solo, y ellos llegaran a ser tus mejores amigos mientras este con ellos, pero cuando comienzas a escalar la cumbre de tu éxito, comenzaras a ser al que miren mal, te criticaran y muchos te darán la espalda. No lo dudes por ningún segundo, pocos se quedarán contigo, pero casi no los verás porque estas preocupado de ti.

4. No tendrás tiempo para nada más que tu gran propósito de tu vida

No tendrás tiempo, nada más que decir, olvídate de las fiestas, porque si ya dejaste de fumar y beber alcohol no sería bueno volver allí mismo, solo puedes comenzar una nueva vida, con nuevos grupos sociales que tampoco tienen mucho tiempo, así que seguramente los conocerás en la realización de tu propósito de vida, como en gym, en un evento relacionado a tu realización, etc. Esta es la razón de porque los millonarios tienen grandes contactos, conocen sus contactos en la realización de sus objetivos, donde estos contactos, también están en la realización de sus objetivos.

5. No recibas consejo de nadie que no haya logrado nada en su vida.

Todo el mundo querrá decirte que hacer y cómo hacerlo, muchos te dirán que hazlo así, quizás asa, etc. Pero cuando veas quien habla, sabrás a quien escuchar. Si alguien te da un consejo empresarial mira primero si él tiene una empresa, si alguien te da un consejo de medicina mira es Doctor, es así simple.

La única opinión que cuenta es aquella fundamentada en la experiencia positiva de la realización de la cuestión que se opina.

Es decir, si una persona te da consejos de empresario y te dice que tuvo una empresa y fracaso, asume de inmediato que la opinión no cuenta, quizás la empresa fracaso porque él fue el

problema, entonces su experiencia no es positiva, en cabio si un empresario triunfo con su empresa, deberías escuchar su opinión. Ten siempre esto presente y sabrás a quien escuchar.

6. Siempre van a ver cosas inesperadas

Siempre va a pasar algo, algo no saldrá bien, algo te detendrá en algún momento, algo fuera de tu control te impedirá hacer eso, etc.

Dalo por hecho, nada saldrá perfecto, solo mantén la calma y pasará, veras como el Gran Espiritu Divino buscará la forma de solucionarlo, solo ten fe, y sigue.

7. La cumbre del éxito es hacia arriba, y el camino más corto es la línea recta

Mientras te mantengas concentrado en ti, no habrá nada que te desvíe de tu destino, la gente suele desconcentrarse rápidamente y muchos prefieren que los mantengan ocupados viendo TV, jugando en celular, bebiendo con los "amigos", etc. Hay muchas formas de perder la línea. Por eso debes siempre seguir la línea y esta solo la podrás seguir si ya tienes tu línea trazada ya que, a partir de ahí, sabrás cuales son las actividades que te mantendrás en camino a tu cumbre y cuáles son las que te terminaran alejando por completo.

Para eso es la cartola de la vida, para que conozcas la ruta y no des pasos a ciegas.

La siguiente imagen muestra la ruta que debes seguir y la línea recta hacia la cumbre.

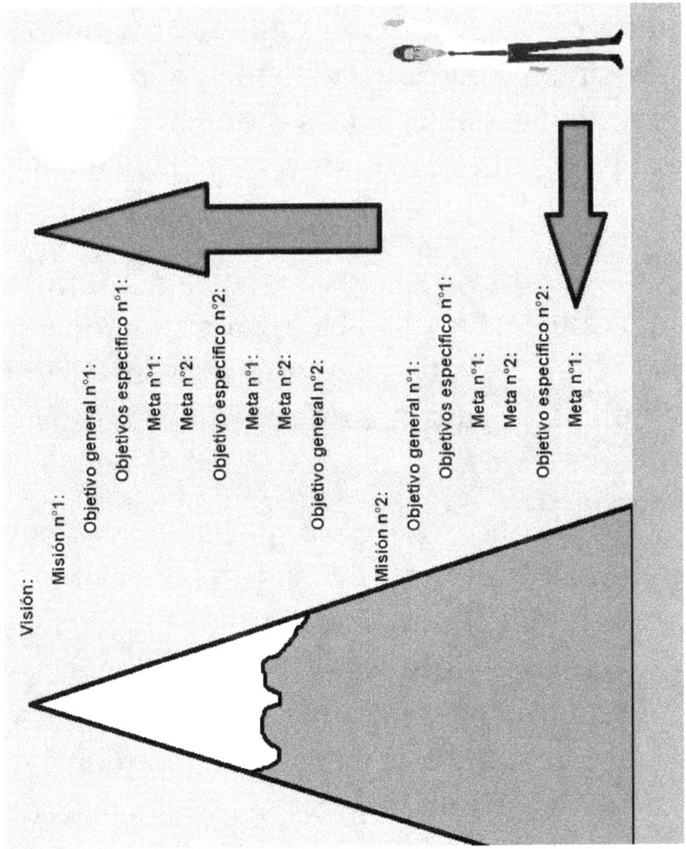

Visión:

Misión n°1:

Objetivo general n°1:

Objetivos específico n°1:

Meta n°1:

Meta n°2:

Objetivo específico n°2:

Meta n°1:

Meta n°2:

Objetivo general n°2:

Misión n°2:

Objetivo general n°1:

Objetivos específico n°1:

Meta n°1:

Meta n°2:

Objetivo específico n°2:

Meta n°1:

Se te pones a pensar, la vida no es más que un juego, solo debes definir el rol que quieres tomar para buscar la máxima puntación que puedes obtener al realizar las distintas acciones en tu rol, la máxima puntación es tu visión, allí alcanzaras los mayores números, en la vida cobras por la excelencia en lo que sabes hacer, así te vuelves millonario, elije bien tu rol para jugar.

Como todo juego, debes cumplir misiones, que te llevaran a tu visión, de las cuales, para tomarlas necesitas algunos requerimientos y unos puntos o presupuestos.

Entonces para eso tomas metas que te lleven a reunir las cosas que necesitas, y ya puedes ir tomando objetivos específicos, después objetivos generales mientas vas acumulando puntos o dinero, y así hasta realizar la misión y sigues con la otra y si puedes, tomas dos al mismo

tiempo o todas, los únicos limites están en tú mente, tú decides como ver la vida, como el mundo externo te la presenta, o como tú la quieras jugar, de todos modos, el juego se acaba en algún momento.

Cuanto más rápido tomes tu rol, más rápido comenzarás a jugar.

No seas parte del juego, juega el juego y diviértete hasta que se acabe.

Si quieres saber en qué etapa de tu juego vas, revisa el cuadrante de la vida, tambíén sacado de mi libro **"Administración para la vida"**.

Aquí podrás visualizar en que sección vas, cabe señalar que es solo una plantilla base y como tal está sujeta a la estrategia del rol del jugador, por así decirlo, ya que la vida se puede ganar en cualquier etapa del juego, siempre y cuando empieces a juagar.

Otra de las cosas importantes, del éxito de la realización es justamente esa, que puedes comenzar cuando quieras y conseguirla en muy poco tiempo si sabes cómo ejecutar las acciones correctas.

La mayoría de las personas lo hacen desde los 45 años hacia delante, es una tendencia que mucha gente comience a jugar el juego de la vida a esa edad, y es que justamente a esa edad muchos padres ya terminan de criar a sus hijos, y ya tienen tiempo para su realización, así que toman el control de sus vidas y comienzan a jugar.

La edad nunca debe ser un impedimento para nada en la vida, es otra mentira del mundo externo, la hora, el día, el mes, el año, es una mentira para organizar la vida, pero no significa que sea una verdad absoluta.

La única verdad es el ahora, el mañana es una percepción y el futuro es una extensión del ahora, si ahora no haces nada para tu futuro, este no existirá de ninguna manera.

Así que puedes jugar cuando quieras, lo impórtate es conocer el rol que vas tomar para cumplir tu visión y conseguir la mayor cantidad de puntos o dinero en la realización de tu vida.

En la imagen veras los distintos cuadrantes de la vida, si estas en el 1° cuadrante aprovecha cada minuto de tiempo de juego, eres el que te mayor ventaja en cuanto tiempo, y los demás la tienen en experiencia, si quieres que tu hijo comience a jugar lo más pronto posible, deberías enseñarle donde esta y cuánto tiempo de juego le queda, incentivarlo a realizarse y recuerda que él no es tú, así que no trates de inculcarle tus

sueños a él, quizás tú quieras cantar, pero tu hijo ama el baile.

Cada uno tiene su rol en la vida y es libre de elegirlo, solo procura que sea feliz hasta que la vida o el juego acabe.

El cuadrante de la vida

En la siguiente imagen podrás reconocer en que cuadrante te encuentras, cabe señalar que es solo una referencia y que puedes comenzar cuando quieras y ganar el juego en cualquiera de ellos.

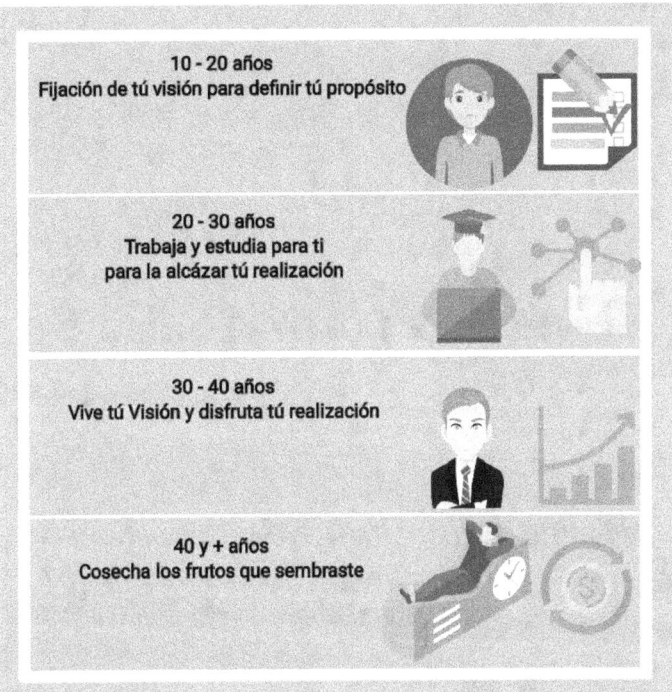

Capítulo 8
El eterno retorno del Ser con propósito.

"Heredarán el mundo aquellos que evolucionen con él".

J. Ben. Avil.

Este capítulo solo es un resumen del capítulo, **"El Eterno Retorno del Ser con propósito"** de mi libro titulado **"El Gran Espíritu Divino".**

La razón por lo que este capítulo está aquí, es que este libro está enfocado a descubrir tu gran propósito de la vida, en los primeros capítulos te comenté de donde es que venimos y como es que nuestra decendencia es Divina.

Muchas religiones lo afirman así, somos hijos de Dios, pero la verdad, es que, aunque fuimos creados por Dios, por el Gran Espiritu Divino, no somos en realidad sus hijos, sino más bien, una extensión de Él.

Somos parte de Él, descendientes terrenales del Gran Arquitecto del Universo, venimos a construir la realidad que nos rodea, el lugar donde vivimos, el futuro que deseemos.

Mira a tu alrededor, todo lo construyó un Ser, hombres y mujeres por igual, fuimos capaces de construir un mundo entero y quizá, que más seremos

capaces de crear en el futuro a medida que vayamos evolucionando según como interactuemos con nuestro ambiente.

Antiguamente, en la época de los Romanos, era imposible contemplar al punto tecnológico que hoy hemos llegado como Seres.

Y no, no ha sido perfecto, hemos aprendido de grandes errores de nuestra historia, no hemos separados y vuelto a juntar como especie por muchas cosas del mundo externo que nosotros mismos hemos creado.

Parte de los grandes males de la humanidad, son todos aquellos ideales extremista que solo traen miseria, muerte y odio a nuestra sociedad.

Y así evolucionamos, aprendiendo de nuestros actos y hemos llegado a ser una gran humanidad a pesar de todo.

Durante lo largo de nuestra historia, ha habido una gran cantidad de casos que quiero que veas desde el punto de vista Divino. Puedes creerlo o no, pero quiero que entiendas que existen casos y a través de ellos te quiero dar a conocer cómo funciona el eterno retorno del Ser con propósito.

Sobre aquellos reencarnados en la tierra para vivir una segunda vida.

Hay muchas religiones que hablan de esto, como un premio al cumplimiento del propósito de la vida.

Es un hecho que Dios tiene un plan, lo entendamos o no, no es algo que podamos cambiar, lo único que podemos hacer, es contribuir a este o no.

No hay más opciones ni puntos medios, recuerda que por ley universal que dice que nada es neutro.

Entonces supongamos lo siguiente, desde el puesto del Gran Espíritu Divino.

Creó un universo entero, con el poder que se forjo a sí mismo, al crear el mismo el universo, se convierte en el Dios de este, su trabajo entonces es mantenerlo.

Del mismo modo que creas cualquier cosa en este pequeño mundo, puedes crear una empresa y debes mantearla, allá afuera ahí muchas otras empresas, pero fueron otros que la crearon, y ellos no puedes estar pendiente de tu empresa porque están ocupados en las suyas.

Del mismo, seguramente existe un multiverso, para cada uno de ellos un Dios diferente preocupado de mantener cada uno sus universos.

Sin entrar a discutir nada, si es así o no, solo asume que fuese así, para que

entiendas el punto de vista y la relación que tiene Dios con su propia creación.

Hay tantas cosas por sostener y fuerzas que no comprendemos que Dios debe estar allí haciendo que pasen.

Del mismo que un empleado de una empresa no tiene idea cómo funciona el flujo de efectivo y las ganancias de capital del negocio para el cual trabaja, pero sabe de ante mano que hay un jefe contralado cada aspecto de la empresa.

Pero como el jefe no puede estar en todos lados, ni haciendo todo para mejorar su empresa **¿Qué hace?**

Sí, subroga responsabilidades.

Entonces Dios quiso vivir la existencia, pero se dio cuenta que tenía que mantenerla, así que no podía mantenerla y existir al mismo tiempo.

¿O sí?, ¿Podría un Dios existir en dos lugares al mismo tiempo?

¿Si tu fueras un Dios, como Ser todo poderoso qué harías para estar en todos los lugares de universo que tu creaste para Ser y existir?

Justamente, te dividirías, no lo digo yo, no lo dices tú, te lo dijo el Gran Espiritu Divino que habita dentro de ti, seguro pudiste oír su susurro, esa intuición de verdad.

Recuerda que te había dicho en capítulos anteriores que este Gran Espiritu suele hablarte cuando sabe que están hablando de Él, quizás deberías comenzar a escucharlo o a prestarle más atención a ese gran poder que hay dentro de ti.

Bien, la respuesta es esa, me divido para habitar mi propio universo, creo al Ser humano, le doy un alma para que experimente la realidad y mi Gran Espiritu Divino lo divido y pongo en él, una parte de mí, para que retorne a mí y así hacer de su experiencia de vida, experiencia mía.

Así es como existe Dios, a través de nosotros.

¿Si fueras Dios qué te gustaría Ser en la tierra?

Todo verdad, todas las vidas posibles para tener todas las experiencias de vidas.

¿Y cómo hago para no reconocerme a mí mismo, porque, si me

reconozco a mí mismo, aunque fuera miles, viviría una sola experiencia repetida en mil veces?

Haría que no me reconociera a mí mismo, **¿Cómo?** Sembrándome en la tierra sin memoria de quien soy ni de dónde vengo.

¿Y cómo me creo sin estar ahí?

Creando una interfaz entre el Yo Superior un Yo Inferior donde pueda sembrarme, como una de las tantas leyes invisibles que he creado para administrar el universo desde el punto en el que estoy.

¿Entonces necesito un Yo Inferiros para sembrarme atreves de él, que

tenga la capacidad de contener y comprender estas fuerzas para habitar junto a él?

Y crea a todos los seres y al Ser humano para vivir a través de todos los seres, y así nacemos sembrados por Dios en este mundo sin memoria de lo que somos, de donde venimos, pero conectados desde el interior con el Yo Superior, o sea Dios, para desenvolvernos en la tierra con las fuerzas que Él ha creado para la existencia.

Ahora entiendes por hay una gran variabilidad de vidas humanas y porque todos somos diferentes, aunque venimos del mismo Dios.

Somos parte del propósito de Dios, no cabe duda de ello, pero estamos aquí para crear una gran vida y a través de esa vida Ser parte de su propósito.

Entonces Dios, dijo:

El día que pise la tierra, el mundo se acabara. Porque iré a juzgar a la humanidad por sus actos.

Entonces le dio el poder al hombre del acto, de hacer para Ser.

Y cuáles son los actos del hombre; son 2 nada más.

Se resumen a hacer y servir para el propósito de Dios y no hacer ni servir para el propósito de Dios, o sirves o no sirves.

Y aquí nace el concepto del eterno retorno del Ser con propósito.

Si tienes un propósito en la vida, como ayudar a la humanidad, a guiar de algún modo al colectivo, a servir a otros,

etc. Estas también sirviendo al Gran Propósito de Dios.

Por lo cual, cuando en acto de servidumbre, tu vida se acaba, retornaras a este mundo para seguir el propósito, una vez más y sin memoria.

Aunque se han registrado muchos casos a lo largo de nuestra historia, que retornados o reencarnados recuerdan sus vidas pasadas, sobre todos cuando son niños.

Si te pones a averiguar, descubrirás, que cada uno de ellos recuerda una vida, en la que servían al colectivo de la humanidad en distintas áreas y puestos trabajo.

En cambio, no ha habido ningún retornado que, en su vida pasada, no haya servido al propósito de Dios y allá vuelto.

Estos seres que no sirven para el propósito Divino, sueles ser desechados,

del mismo modo que aquellos que van en contra del propósito de Dios.

En la Biblia podrás encontrar referencia de este juicio, a treves de actos buenos o malos, de los pecadores se van al infierno y los buenos al cielo, pero Dios dice en la misma Biblia, que no hay almas en el cielo.

Él también a dicho, que el espíritu de Dios morara siempre en la tierra.

Esto explica el concepto del Eterno Retorno del Ser con Propósito.

Naces en un cuerpo con un alma que define tu Ser, el cual vive a través del espíritu de Dios, cuando mueres, tú cuerpo se queda en el mundo externo de materia, y retorna a la tierra, tú alma y tú espíritu, retorna a Dios para entregarle tu experiencia de vida y vuelves a la tierra en otro cuerpo, con otra alma en blanco, sin memoria para crear otro Ser que viva otra

vez la experiencia de vida para el Gran Propósito de la Vida.

Procurad entonces, devolverle a Dios una buena vida, bien vivida al servicio de los tuyos, porque el Gran Propósito de Dios, es que nos sirviéramos los unos a los otros. Por lo tanto, este también debe ser, nuestro propósito y a través de este, lograremos la excelencia y el dinero fluirá, hacia quienes son servidores de la humanidad.

El Autor

También conocido por su seudónimo J. Ben. Avil, nació el año 1990 en Cañete, VIII Región del Bio-Bío, Chile.

Autor de dos trilogías tituladas "Yo, Azrael" y "Juan, Soldado de Dios" escritas durante sus primeros pasos como Escritor. Ambas novelas negras de narrativas fantásticas, publicadas entre los años, 2018 y 2019, cuyos derechos de propiedad intelectuales fueron vendidas durante el año 2021.

Estudió Administración Pública, Ingeniería en Ejecución en Administración de Empresas, Desarrollo de Aplicaciones Full Stack y Hacking Ético.

Actualmente, J. Ben. Avil. se desempeña entregando Soluciones Integrales para Empresas, a través de su propia Empresa de Servicios Constituida en Chile bajo su propio seudónimo.

Como todo Escrito, lleva su Oficio como una pasión personal por las letras y la literatura, dejando obras fundamentales para los lectores de alto valor.

Durante los años 2020-2023 publica las obras tituladas:

- Administración para la vida.
- El Gran Propósito de la vida.
- Él Gran Espíritu Divino.
- Poemas para la Tierra.

En su primer poemario titulado "Poemas para la Tierra", hace una recopilación de sus poemas para la tierra, escritos durante el período de los años 2020 – 2023. El poema titulado «Tierra» fue premiado durante el proyecto «Confluencia» que inspiró la creación de una ruta de murales en la Región Metropolitana, organizado por la galería de arte Metro 21 y el Gobierno Regional Metropolitano. Metro 21, Santiago, RM, Chile.

Una de sus mayores fortalezas es su capacidad de desarrollo creativo de sus ideas, y su implementación en los distintos aspectos de su vida.

Con el fin de Independencia y Autonomía, abrió su propio estudio Independiente para la publicación de obras. Haciendo un pequeño aporte a la cultura universal a través su empresa JBENAVIL ESTUDIO SpA.